Schirner Verlag

Britta Diana Petri

Quiches, Pizzen und Gemüsetorten

roh, vegan und glutenfrei
aus der RainbowWay®-Vitalkost-Küche

Schirner Verlag

Abbildungsverzeichnis

Fotos zu den Rezepten:
Britta Diana Petri, RainbowWay® Akademie

ISBN 978-3-8434-5078-2

Britta Diana Petri:
Quiches, Pizzen und Gemüsetorten
roh, vegan und glutenfrei aus der
RainbowWay®-Vitalkost-Küche

Umschlag: Simone Leikauf, Schirner,
unter Verwendung eines Bildes
von Britta Diana Petri und von #53828112,
(Floydine), www.fotolia.de
Satz: Simone Leikauf, Schirner
Bildbearbeitung: Arne Gutowski, Schirner
Redaktion: Sarah Neumann, Schirner
Printed by: ren medien, Filderstadt, Germany

www.schirner.com

2. Auflage Februar 2014

Inhalt

Einführung

Sie wollen Pizzen, Quiches, Kuchen und Torten einmal so schonend wie möglich zubereiten, naturgesund, roh, vegan und glutenfrei? Sie würden sich gerne von frischer, vitaler Kost ernähren, aber trotzdem satt werden? Sie suchen nach Gerichten, mit denen Sie auch Ihre von Hausmannskost verwöhnte Familie für eine naturgesunde, vitalstoffreiche Ernährung begeistern können?

Mit den folgenden Rezepten ist das alles kein Problem mehr! Bei allen hier vorgestellten Kreationen handelt es sich um vegane, glutenfreie Rohkost von hoher Vitalstoffdichte und beachtlichem gesundheitlichem Wert. Diese Form der Ernährung überzeugt nicht nur durch die Vielfalt an kreativen Zubereitungsmöglichkeiten, sondern auch durch beeindruckende Geschmackserlebnisse!

Stellen Sie vegane Vitalkost-Pizzen, würzige Kuchen und pikante Gemüsetorten her, die nicht nur kulinarisch, sondern auch optisch beeindrucken! Erleben Sie kunstvolle Kompositionen, mit denen Gesundheit zum Genuss wird! Vegane Vitalkost, kreativ und mit viel Liebe und Freude zubereitet, überzeugt durch sich selbst. Hier bedarf es keiner Worte mehr, um sie schmackhaft zu machen.

Von purem Gemüse oder einem einfachen Salat als Hauptmahlzeit lassen sich nur wenige Menschen beeindrucken oder gar zufriedenstellen. Pizza und Kuchen mögen jedoch fast alle.

Was bietet sich da mehr an, als aus frischem, rohem Gemüse, Nüssen, Samen, Blättern und Blüten Pizzen, Quiches und Kuchen zu kreieren, die nicht nur über einen hohen Vitalstoffanteil verfügen, sondern auch noch durch ihren Geschmack voll und ganz überzeugen. Bei solchen Gerichten schweigen sogar diejenigen, die sonst immer etwas zu meckern haben, und genießen still.

Veganismus und Rohkost heute

Glücklicherweise interessieren sich immer mehr Menschen für eine naturgesunde und ganzheitliche Denk-, Lebens- und Ernährungsweise. Vor einigen Jahren wurde man als Vegetarier noch fast als eine Art Alien betrachtet, und kaum jemand konnte mit dem Wort »vegan« etwas anfangen. Der Irrglaube, dass eine vegane Ernährung zu Mangelerscheinungen führt und Krankheiten verursacht, war weit verbreitet und besteht vielerorts heute noch. Ein Mangel kann jedoch nur entstehen, wenn man sich nach »konventionellen Vorstellungen« vegan ernährt und weiterhin vorwiegend Fabriknahrung, Fastfood und Kochkost verzehrt.

Unter Rohkost stellen sich viele Menschen eine karge Ernährungsweise vor, die aus ein bisschen Obst, Salaten, Kohl und Wurzelgemüse besteht. Sie glauben, Rohköstler müssten auf jeglichen Genuss verzichten, und bemitleiden sie deswegen und reden von Selbstkasteiung. Es gibt jedoch unterschiedliche Rohkost-Richtungen, so, wie es unterschiedliche vegetarische und auch vegane Ernährungsweisen gibt. Bei der ganzheitlich orientierten veganen Vitalkost gibt es weder Mangel noch müssen wir auf Genuss verzichten – im Gegenteil!

Der schlechte Ruf der veganen und der rohköstlichen Ernährung existiert nur, weil die Weitergabe des Wissens über Gesundheit, Gesundheitsvorsorge, natürliche Ernährung und ein Leben aus ganzheitlicher Sicht nirgendwo auf dem Lehrplan steht und die immerwährenden Wahrheiten und Weisheiten des Lebens größtenteils in Vergessenheit geraten sind oder aus Bequemlichkeit bzw. Gier (in ihren unterschiedlichsten Ausdrucksformen) ignoriert werden.

Von Freunden, Schülern und Kursteilnehmern höre ich immer wieder, dass ihr soziales Umfeld es ihnen zeitweise recht schwer macht, sich nicht so zu ernähren, wie es der »Norm« entspricht. Es beginnt zum Teil schon in der eigenen Familie. Man wird schnell zum Außenseiter, wenn man festgefahrenem Klischeedenken nichts entgegensetzen kann. Je mehr man versucht, sein Umfeld für eine alternative Ernährungsweise zu gewinnen, desto mehr verschließt es sich und arbeitet dagegen an.
Nur wenn Menschen unter Unverträglichkeiten und Allergien leiden, wird es toleriert, dass sie »anders« essen. Meist werden sie aber deshalb bemitleidet und bekommen Sätze zu hören wie: »Du Arme/Armer musst auf alles Gute verzichten.«

Vegane Vitalkost kann jedoch bedeutend dazu beitragen, die Lebenskraft zu steigern, das System zu reinigen und zu stärken sowie die Gesundheit wiederherzustellen und zu erhalten, im physischen wie auch im psychischen Bereich. Jemandem, der sich von veganer Vitalkost ernährt, sieht man sehr bald schon an, wie wundervoll sich diese Lebensweise auf seine Gesundheit, Vitalität, Schönheit und sein Bewusstsein auswirkt. Gesunde Geister in gesunden Körpern können wesentlich zu einer glücklicheren Welt beitragen und für Frieden und Wohlstand sorgen!

Warum vegan?

Wer sich vegan ernährt, isst weder Fleisch noch Fisch, Eier und Milchprodukte, und wer vegan lebt, vermeidet es, Produkte zu nutzen, für die Tiere ausgebeutet, gequält, oder getötet wurden. Hierbei geht es nicht nur um Tierschutz, um Ethik und eine speziesübergreifende Nächstenliebe, sondern auch darum, ganzheitlich Voraussetzungen für unsere Gesundheit zu schaffen.

Ein Verzicht auf Tierprodukte trägt zudem auch zur Reduzierung von Gefahren wie Salmonellen, Viren, Bakterien, Schweinepest, Rinderwahn, Vogelgrippe usw. bei. Ein Blick auf die Medienberichte der letzten Jahre genügt, um zu sehen, welche Auswirkungen die Ausbeutung der Tiere haben kann.

Tiefer in das Thema Veganismus einzusteigen, würde den Rahmen dieses kleinen Rezept-Buches sprengen. Jedoch können Sie sich darüber ausführlich in verschiedenen Büchern, im Internet, z.B. auf der Homepage des Vegetarierbundes (VEBU), oder auf Messeständen zu Rohkost und Vegetarismus informieren. Laden Sie Ihre Familie/Freunde doch einmal in ein vegetarisches, veganes oder rohköstlich orientiertes Restaurant ein.
Nie zuvor gab es ein so großes Interesse an Vitalkost und an der veganen Lebensweise wie heute, und nie war die Auswahl an genussvollen Rezepten für Veganer und/oder vegane Vitalköstler größer!

Laktosefrei

Wer auf Milchprodukte verzichtet, hat einen reineren Körper und einen weniger verschleimten Organismus. Probleme oder bestimmte Symptome, die mit einem übermäßigen Verzehr von Milchprodukten in Zusammenhang stehen, sind dann Geschichte. Veganer leben deshalb sehr genussvoll und glücklich ohne sie.

Wenn Sie an einer Laktoseintoleranz leiden, sehen Sie sie nicht als Krankheit, sondern als Chance an, mit Genuss und Freude neue Voraussetzungen für Ihr Wohlbefinden zu schaffen, auf der physischen wie auf der psychischen Ebene.

Glutenfrei

Wer kein Gluten verträgt, ist dazu gezwungen, seine Ernährungs- und Lebensweise zu überdenken. Wer aber glaubt, dass man deshalb weniger gut und gesund essen bzw. leben kann, der liegt falsch, denn viele Nahrungsmittel, die Gluten enthalten, können uns sogar schaden. So verkleistert das Klebereiweiß in Getreide mit den Jahren das System (die Leitungen) unseres Körpers und behindert seine Funktionen. Ungekeimtes Getreide und Produkte daraus sind außerdem noch säurebildend. Haben Sie schon einmal von der »Brotgicht« gehört? Der hohe Konsum von Getreideprodukten (auch Vollkorn) reizt die Verdauungsorgane, führt zur Bildung von Säuren, hinterlässt Schlacken und trägt maßgeblich zur Degeneration bei.

Gesundheitsvorsorge beginnt in der Küche

Die vegane Vitalkost ist eine friedvolle, liebevolle, lichtvolle, lebendige und vitalstoffreiche Form der Nahrung. Mithilfe einer kunstvollen Zubereitung und dank natürlicher sowie technischer Möglichkeiten, wie sie früher kaum in dieser Qualität zur Verfügung standen (starke Mixer, Lebensmitteltrockner usw.), sind wir heute in der Lage, in kurzer Zeit und mit weniger Aufwand als beim Kochen die besten, leckersten, gesündesten und geschmacksintensivsten Speisen auf den Tisch zu zaubern. Diese enthalten noch dazu keine künstlichen Zusatzstoffe, sind ganz frisch, roh, leicht verdaulich und versorgen uns mit Lebensenergie.

Gerade in Zeiten, in denen immer mehr Menschen an Essstörungen und Unverträglichkeiten leiden, öffnet diese lebendige Art der Ernährung die Tür in eine neue Dimension der Gesundheit.

Wir verwenden grundsätzlich frische, natürliche Produkte, die von Natur aus nicht als schleimbildend, säurebildend oder toxisch einzustufen sind. Wenn wir bereits in der Küche mit der Gesundheitsvorsorge beginnen, können die Ursachen der Zivilisationskrankheiten erst gar nicht entstehen – jedenfalls nicht durch unsere Ernährung. Und wo wir keine Ursachen für Krankheit schaffen, kann sie sich auch nicht manifestieren. Des Weiteren sollten wir uns um eine basenüberschüssige Ernährung bemühen, die sich leicht und gut verstoffwechselt und so wenig wie möglich Abfall in uns hinterlässt. Eine effiziente Ernährung bringt mehr Energie ins System, als bei ihrer Verstoffwechselung verbraucht wird! All das sind Gründe für Rezepte wie die, die Sie in diesem Buch finden. Es soll nicht mehr heißen, dass man auf Genuss verzichten müsse, wenn man seine Nahrung nicht kocht und/oder auf Milch-, Getreide- und Tierprodukte verzichtet. Es mag für viele etwas »befremdlich« klingen, dass jemand ohne Fertiggerichte, Fleisch, Fisch, Käse, Brot, Nudeln und »gekochtes« Essen leben kann und vor allem will. Das liegt aber nur daran, dass die meisten es nicht kennen und nicht besser wissen.

Es gibt reichlich Literatur zu den Themen Veganismus und Rohkost. Machen Sie sich schlau, und wenn Sie kein Vegetarier oder Veganer werden wollen, beziehen Sie doch öfter einmal vegane Mahlzeiten aus frischen Zutaten in ihre sonst übliche Ernährung mit ein. Das wird Ihnen, Ihrer Gesundheit, den Tieren und unserer Welt sehr guttun, und Sie tragen bewusst ein bisschen zum Wohl des Ganzen bei. Mit den Rezepten aus meinen kleinen Büchern kommen Sie auch als Nicht-Vegetarier geschmacklich und gesundheitlich auf Ihre Kosten, und es wird Ihnen nicht mehr schwerfallen, immer öfter auf Tierprodukte zu verzichten. Eine solche Umstellung funktioniert jedoch meistens nicht von heute auf morgen. Nehmen Sie sich so viel Zeit, wie Sie brauchen, und verändern Sie Ihre Ernährungsweise, wie es für Sie selbst am stimmigsten ist. Wer erst einmal den Weg zu einem ganzheitlichen Lebensstil beschritten hat, wird ihn früher oder später mit Freude weitergehen, das eigne Potenzial ausbauen und seine Gesundheit und Lebenskraft enorm steigern!

Paradigmenwechsel in der Ernährung

Es ist von großer Bedeutung, dass wir für Aufklärung sorgen und zeigen, dass es noch viel mehr Nahrungsmittel und Zubereitungmöglichkeiten gibt als die, an die sich die Menschheit in Zeiten der Kochkost und der Industrienahrung zwangsweise »gewöhnt« hat. Wenn wir als Individuen kränkeln, hat dies immer auch Auswirkungen auf unsere gesamte Gesellschaft, denn das Ganze kann nur so gut und so gesund sein wie sein kleinster Teil und umgekehrt – das wissen wir alle. Im Grunde ist alles eins, alles hängt zusammen und bedingt einander. Vielleicht schaffen wir es ja, unsere Ernährungs- und Lebensweise umzustellen, eine ganzheitliche Sicht zu entwickeln und auf allen Ebenen Voraussetzungen für Gesundheit zu schaffen. Dann haben wir mehr Licht, werden weniger krank und sehen weiter und klarer. Auf diese Weise gelingt es uns auch, nicht funktionierende oder veraltete Systeme in unserer Gesellschaft zu reparieren, zu entgiften, zu erneuern und ihnen zu neuem Glanz zu verhelfen. Wenn wir die Essenz des Lebens verstanden haben und wissen, dass alles, im Großen wie im Kleinen, zusammenhängt, und stets zum Wohle des Einzelnen wie des Ganzen leben und handeln, dann erschaffen wir Harmonie, Heilung, Symbiose und Wohlstand.

Frische, unbehandelte Zutaten

Alle Zutaten für die folgenden Rezepte sollen vorzugsweise Bio- und Rohkostqualität haben. Frisches Obst und Gemüse bekommen Sie beim Bauern oder Händler Ihres Vertrauens, in der Bioabteilung eines gut sortierten Supermarktes, im Bioladen oder im Reformhaus. Im Internet gibt es zudem ein umfangreiches Angebot von Bio- und Rohkostversandhändlern. Wenn Ihnen eine bestimmte Zutat nicht bekannt ist, Sie sie gerade nicht im Haus haben und/oder sie nicht einfach besorgen können, ersetzen Sie sie einfach durch etwas, was ebenfalls zu dem jeweiligen Rezept passen könnte. Seien Sie kreativ, und probieren Sie ruhig etwas herum.

Utensilien und Geräte für die Zubereitung

Sie brauchen die folgenden Utensilien und Geräte nicht für alle Rezepte, aber für einige. Wenn Sie das eine oder andere Gerät noch nicht haben, können Sie ein bisschen improvisieren oder auf Rezepte zurückgreifen, die Sie auch ohne diese zubereiten können.

- *starker Mixer, wie z.B. VitaMix*
- *Küchenmaschine mit S-Messer/Food-Processor*
- *Dehydrator/Lebensmitteltrockner*
- *Küchenwaage oder Tasse zum Abmessen*
- *scharfe Messer*
- *Sparschäler*
- *Raspel*
- *Schneidebretter*
- *Quicheförmchen*
- *Springform*
- *Kastenform*
- *Servierringe*
- *Silikonförmchen*
- *Schüsseln*
- *Kuchenplatte*
- *Pizzateller*

Quiches/Tartes

Die Bezeichnung »Quiche« kommt aus der französischen Küche und bedeutet Kuchen. Die Zubereitung einer Quiche entspricht im Grunde der einer Tarte. In der konventionellen Herstellung besteht sie aus einem herzhaften Kuchenteig (unter der Verwendung von Getreidemehl, Milch und Eiern), der in einer flachen Form mit würziger Füllung oder einem Belag gebacken wird.

In der veganen und glutenfreien Vitalkost-Küche verzichten wir auf die Verwendung von Getreidemehlen (wenn überhaupt, verwenden wir nur gekeimtes Getreide), Eiern und Milchprodukten und erhitzen die Zutaten nicht über 42° C. Wenn Sie sich jetzt fragen, wie Sie ohne die üblichen Zutaten und dazu auch noch ohne zu backen und zu kochen, eine Quiche oder Tarte zubereiten sollen, dann lassen Sie sich überraschen!

Grundrezept für Quiche- und Tarteböden

Die angegebenen Mengen in den folgenden Grundrezepten sind ausreichend für 2–4 Personen. Von Rohkost wird man wesentlich schneller satt und braucht tatsächlich nur kleine Portionen pro Mahlzeit, da diese Form der Nahrung extrem vitalstoffreich ist und die Bedürfnisse des Körpers sehr schnell befriedigt. Anstelle einer großen Quiche oder Tarte können Sie den Teig auch auf 2 größere oder 4 kleinere Servierringe verteilen. Wenn Sie viel Hunger haben oder mehrere Personen sind, erhöhen Sie einfach entsprechend die Menge der einzelnen Zutaten. In der kreativen Vitalkost-Zubereitung legen wir uns niemals fest und bleiben immer flexibel für Veränderungen und Anpassungen.

Variante 1

Zutaten

- *2 Tassen fein gemahlene Mandeln*
- *1 Tasse gemahlener goldener Leinsamen*
- *1 Tasse geraspeltes oder gehacktes Gemüse Ihrer Wahl (Karotten, Zucchini, Gemüsepaprika, Sellerie, Blattgemüse, Kürbis …)*
- *1 Tasse Wasser oder frisch gepresster Gemüsesaft (je nach Bedarf auch mehr oder weniger)*
- *1TL Kokosmehl, je nach gewünschter Konsistenz*
- *nach Belieben Kristallsalz*

Zubereitung

Geben Sie Mandeln, Leinsamen und Gemüse in eine Schüssel. Fügen Sie die restlichen Zutaten hinzu, und mischen Sie alles gut durch, sodass ein Teig entsteht. Füllen Sie ihn in eine Quicheform, und stellen Sie ihn für ca. 3–4 Stunden in den Lebensmitteltrockner. Drehen Sie die Form danach um, und lösen Sie den Quicheboden vorsichtig heraus. Lassen Sie ihn für ca. 2–3 Stunden weiter trocknen, bis er die gewünschte Konsistenz erreicht hat. Die Trocknungszeit kann je nach Zutaten, Trocknermodell und Dicke des Bodens variieren. Bitte überprüfen Sie immer, ob der Boden fest genug ist, bevor Sie ihn herausnehmen. Wenn Sie zuvor etwas Frischhaltefolie in die Form geben, löst sich der Boden beim Stürzen leichter heraus. Auf diese Weise können Sie ihn dann auch ganz leicht von der Unterseite her trocknen.

Variante 2

Zutaten

- *2 Tassen fein gemahlene Mandeln*
- *1 Tasse Buchweizen, über Nacht eingeweicht*
- *1 Tasse Wasser oder frisch gepresster Gemüsesaft (je nach Bedarf auch mehr oder weniger)*
- *½ Tasse gemahlener goldener Leinsamen, über Nacht in einer Tasse Wasser eingeweicht*
- *½–1 Tasse klein geschnittene Kräuter Ihrer Wahl, z.B. Schnittlauch, Petersilie, Dill (die Kräuter sollten zum Gemüsesaft passen)*
- *auf Wunsch Kristallsalz und Gewürze*

Zubereitung

Geben Sie die Mandeln, den über Nacht eingeweichten Buchweizen mit seiner etwas schleimigen Einweichflüssigkeit (maximal 1 Tasse), das Wasser bzw. den Gemüsesaft und den Leinsamenbrei in eine Schüssel. Fügen Sie die Kräuter und auf Wunsch Kristallsalz und Gewürze hinzu. Legen Sie anschließend einen Servierring auf eine Antihaftmatte des Lebensmitteltrockners, und füllen Sie den Teig in einer Dicke von 1 cm in den Servierring. Formen Sie noch einen etwa 1 cm hohen Rand, wenn der Belag aus einer breiigen oder musigen Konsistenz bestehen soll – möchten Sie Ihre Quiche nur mit Gemüse belegen, brauchen Sie keinen. Lösen Sie den Teig vorsichtig vom Ring. Lässt er sich nur schwer abtrennen, nehmen Sie ein Messer, und fahren Sie vorsichtig am Rand des Ringes entlang.

Geben Sie den Boden dann für ca. 4 Stunden in den Trockner, bis er einigermaßen fest ist. Drehen Sie ihn anschließend um, und lassen Sie ihn noch von der anderen Seite trocknen (dabei kann die Antihaftmatte ganz entfernt werden und der Boden auf dem feinen Trockengitter weiter getrocknet werden). Auch hier gilt: Die Trocknungszeit ist abhängig von den Zutaten, dem Trocknermodell und der Dicke der Quiche. Für Quiches, Pizzen und Kuchen muss der Teig nicht ganz so trocken sein. Behalten Sie ihn zu lange im Dehydrator, könnten Sie am Ende Cracker erhalten, die sich biegen. Deshalb ist es wichtig, immer wieder die Konsistenz zu überprüfen.

Variante 3

Zutaten

- *2–4 Tassen gemahlene Mandeln*
- *2 Tassen Wasser*
- *1–2 EL Kokosmehl*
- *1 TL Mandelmus*
- *Gewürze Ihrer Wahl*

Zubereitung

Verkneten Sie alle Zutaten zu einem glatten Teig (die Konsistenz können Sie durch Hinzufügen von Wasser oder Kokosmehl beeinflussen). Sie können das Mandelmus auch weglassen oder alternativ ein gutes, kalt gepresstes Bioöl Ihrer Wahl verwenden. Formen Sie aus der Masse einen ca. 2 cm dicken Boden, und geben Sie anschließend den von Ihnen gewünschten Belag darauf. Sie können die Quiche frisch servieren oder im Lebensmitteltrockner für 2–3 Stunden bei ca. 28–42° C antrocknen und erwärmen.

Spinat-Quiche

Zutaten

- *1 Quicheboden Ihrer Wahl (siehe Grundrezepte auf S. 24–27)*
- *100 g junger Blattspinat*
- *1 EL Mandelmus*
- *1 Prise Muskatnuss*
- *1 Prise Pfeffer*
- *1 Prise Kristallsalz*

Zubereitung

Platzieren Sie den (je nach Grundrezept) getrockneten bzw. noch teigigen Quicheboden mittig auf einem Teller, oder füllen Sie ihn in eine Porzellanschale für Quiches.

Zerkleinern Sie Spinat und Mandelmus grob in der Küchenmaschine (nicht im Mixer, da die Masse dort flüssig wird und je nach Spinatsorte bitter werden könnte), fügen Sie Muskatnuss, Pfeffer und Salz hinzu, und geben Sie alles auf den Boden. Die Quiche kann sofort frisch serviert werden oder vorher noch für 2–3 Stunden in den Dehydrator gegeben werden.

Vom Gehalt her ist diese Quiche für sich schon eine vollständige kleine Mahlzeit!

Varianten

Brennnessel-Quiche: Anstelle des Spinates können Sie auch 200g junge Brennnesselspitzen und -blätter verwenden. Dekorieren Sie die fertige Quiche mit Brennnesselblüten, und reichen Sie z.B. Macadamiasahne dazu (1 Tasse Macadamianüsse mit 1 Tasse Wasser cremig mixen).

Wildkräuter-Quiche: Verwenden Sie anstelle des Spinates 200g junge Wildkräuter wie Vogelmiere, Giersch oder Lattich (wenn Sie sich noch nicht so gut mit Wildkräutern auskennen, kann ich Ihnen das Buch »Essbare Wildkräuter«[1] empfehlen). Dekorieren Sie die Quiche mit Löwenzahnblüten oder Gänseblümchen.

---

1 Steffen Guido Fleischhauser, Jürgen Guthmann, Roland Spiegelberger: Essbare Wildpflanzen. 200 Arten bestimmen und verwenden. AT Verlag 2007.

Blumenkohl-Orangen-Quiche

Zutaten

- *1 Quicheboden Ihrer Wahl (siehe Grundrezepte auf S. 24–27)*
- *1 kleiner Blumenkohl*
- *Saft von einer Orange*
- *1 EL Mandelmus*
- *1 TL abgeriebene Orangenschale*
- *1 TL Flohsamenschalen (zum Abbinden)*
- *1 Prise Pfeffer oder Currypulver*
- *auf Wunsch 1 Prise Kristallsalz*
- *1–2 filetierte Orangen*

Zubereitung

Richten Sie den (je nach Grundrezept) getrockneten bzw. noch flüssigen Quicheboden in der Quicheform oder im Servierring (bei einer größeren Menge im Springformring) auf einem Teller an. Geben Sie alle Zutaten bis auf die Orangenfilets in eine Küchenmaschine mit S-Messer (Food-Processor). Wenn Sie keine Küchenmaschine haben, können Sie den Blumenkohl auch raspeln oder sehr klein schneiden und ihn dann mit den weiteren Zutaten mischen. Füllen Sie die entstandene Masse in eine Schüssel, vermischen Sie sie von Hand mit den Orangenfilets, und verteilen Sie alles auf dem Quicheboden. Sie können die Quiche frisch bei Zimmertemperatur servieren oder, wenn es heiß ist, auch für 1 Stunde in den Kühlschrank stellen. Alternativ können Sie sie auch wieder für 2–3 Stunden in den Lebensmitteltrockner geben, um durch die Dehydration ein stärkeres Aroma zu erzielen.

***Tipp:** Zur Deko eignen sich Blüten und eine Orangenscheibe oder Mandarinenschnitze und Blätter.*

Tomate-Basilikum-Quiche mit Nusskäsesoße

Zutaten

- *1 Quicheboden Ihrer Wahl (siehe Grundrezepte auf S. 24–27)*
- *5 getrocknete Tomaten*
- *3 frische Romanatomaten*
- *1 kleine Spitzpaprika*
- *1 TL Paprikapulver*
- *1 Prise Kristallsalz*
- *ca. 10 frische Basilikumblätter*

Für die Nusskäsesoße

- *1 Tasse Cashewkerne, 8 Stunden lang eingeweicht*
- *1 EL flüssiges Probiotikum*
- *½ TL Schabzigerklee- oder Bockshornkleepulver*
- *1 Prise Kristallsalz*

Zubereitung

Platzieren Sie (je nach Grundrezept) den getrockneten bzw. teigigen Quicheboden in einer Form oder einem Servierring auf einem Teller. Verarbeiten Sie anschließend für den Belag die getrockneten Tomaten, eine der Romanatomaten, die Spitzpaprika, das Paprikapulver sowie das Kristallsalz im Mixer zu einer feinen Masse, und geben Sie sie auf den Quicheboden. Befreien Sie die restlichen frischen Tomaten von ihren Kernen, und schneiden Sie sie in kleine Würfel. Vermischen Sie sie mit dem Basilikum, und verwenden Sie sie als Deko. Verarbeiten Sie alle Zutaten für die Nusskäsesoße im Mixer, und geben Sie einen Klecks davon auf die Oberfläche der Quiche. Alternativ können Sie auch die Quiche mit der Soße übergießen, sie für 3–4 Stunden in den Lebensmitteltrockner stellen und dann servieren. Bei mehreren Personen können Sie auch anstelle der Quicheform eine rechteckige Rahmenform verwenden.

Brokkoli-Avocado-Apfel-Tarte

Zutaten

- *1 Quicheboden Ihrer Wahl (siehe Grundrezepte auf S. 24–27)*
- *2 Tassen klein gezupfte Brokkoliröschen*
- *½ Tasse Pistazien*
- *1 EL Tamari*
- *1 EL Kürbiskernöl*
- *2 mittelgroße grob geraspelte Äpfel*
- *½–1 Avocado*
- *Saft einer halben Zitrone*

Zubereitung

Rühren Sie ein Viertel der Brokkoliröschen unter den noch teigigen Quicheboden (bei Variante 1 und 2 des Grundrezepts geben Sie den Teig dieses Mal nicht in den Trockner), und platzieren Sie ihn in einer Quicheform oder einem Servierring auf einem Teller.

Marinieren Sie ein weiteres Viertel der Brokkoliröschen und die Pistazien für ca. 30 Minuten in dem Tamari und dem Kürbiskernöl. Verarbeiten Sie den restlichen Brokkoli mit den Äpfeln, der Avocado und dem Zitronensaft im Mixer zu einer feinen Masse, und tragen Sie sie gleichmäßig auf den Quicheboden auf. Geben Sie den marinierten Brokkoli und die Pistazien als letzte Schicht auf die frische Quiche, oder lassen Sie sie zuvor noch für 2–3 Stunden im Dehydrator antrocknen. Wenn Sie mögen, können Sie noch Kräuter, etwas Natursalz oder Pfeffer dazugeben. Ich mag es am liebsten pur, damit sich die natürlichen Aromen richtig entfalten können.

Die fertige Quiche kann aus der Form gelöffelt werden. Wenn Sie sie in einem Servierring oder in einer Springform hergestellt haben, entfernen Sie diesen/diese, schneiden Sie die Quiche in gleichmäßige Stücke, und servieren Sie sie.

Tomaten-Quiche mit Mais und Gurken

Zutaten

- *1 Quicheboden Ihrer Wahl (siehe Grundrezepte auf S. 24–27)*
- *Maiskörner von einem halben Maiskolben*
- *zermahlene scharfe Paprikaschoten (Menge nach Belieben)*
- *½ Gurke*

Für die Creme

- *1 Tasse eingeweichte Cashewkerne*
- *5 eingeweichte getrocknete Tomaten*
- *1 TL Schabzigerkleepulver*
- *1 TL Kokosmehl*

Zubereitung

Richten Sie den getrockneten oder teigigen Quicheboden im Servierring auf einem Teller an, und belegen Sie den Boden mit einem Teil der Maiskörner. Verarbeiten Sie für die Creme alle Zutaten mit einigen Tropfen Wasser zu einer festen Tomatenmasse, und geben Sie diese auf die Maiskörner. Ziehen Sie den Ring wieder ab, und drücken Sie den oberen Teil der Quiche ein wenig nach innen, sodass eine Mulde entsteht. Füllen Sie diese mit den restlichen Maiskörnern und mit den zermahlenen Paprikaschoten. Schneiden Sie die Gurke in dünne Scheiben, und platzieren Sie sie am Rand der Quiche sowie auf der Oberfläche der Torte.

Pizzen

Wenn wir von Rohkost/Vitalkost-Pizzen sprechen, dann hat dies nichts mit typischem Pizzateig aus Hefe und Getreideprodukten mit spärlichen Belägen zu tun.
Im Gegenteil, es werden leckeres Gemüse, Früchte, Pilze, Kräuter und Gewürze auf einem sättigenden Boden angerichtet und als vitalstoffreiches, wohlschmeckendes Gericht auf den Tisch gebracht. Gerade in der veganen Rohkost kann man durch Kräuter und Gewürze und den hervorragenden Eigengeschmack frischer, reifer Zutaten die herrlichsten naturgesunden, veganen, glutenfreien und vitalköstlichen Pizzen kreieren.
Je nachdem, was Sie dem Pizzateig hinzufügen, schmeckt bereits der Boden nach Gemüse, Kräutern oder Gewürzen.
Sehr lecker sind die Pizzen mit einem frischen Belag und dazu passenden frischen Kräutern und Gewürzen.
Sie können den Boden auch ohne Gemüse zubereiten und dafür den Belag dicker und geschmacksintensiver gestalten.

Grundrezept Pizzaboden

Variante 1

Zutaten

- *2 Tassen gemahlene Mandeln*
- *1 Tasse klein geschnittene Zucchini (oder anderes Gemüse wie Paprika, Möhren …)*
- *1 Tasse gemahlener goldener oder brauner Leinsamen (je nach gewünschter Farbe)*
- *½ Tasse klein geschnittene Kräuter Ihrer Wahl*
- *1 EL Mandelmus*
- *1 EL Tamari oder eine Prise Kristallsalz*

Zubereitung

Verarbeiten Sie alle Zutaten mit 1 Tasse Wasser (je nach Bedarf auch mehr oder weniger) im Mixer zu einem dickflüssigen Teig, und streichen Sie ihn so gleichmäßig wie möglich 1–1,5 cm dick auf einem Paraflexxbogen (Antihaftmatte) aus, damit er einheitlich trocknen kann. Stürzen Sie den Boden nach etwa 4–5 Stunden (oder länger, je nach Trocknermodell) auf einen anderen Trockenrost, und ziehen Sie die Antihaftmatte ab. Geben Sie ihn dann noch einmal für 2–3 Stunden in den Trockner. Den fertigen Pizzaboden können Sie mit frischen Zutaten belegen.

Wenn Sie möchten, können Sie die belegte Pizza dann noch einmal für etwa 3 Stunden zum Dehydrieren in den Trockner geben (bei sehr dickem Belag auch etwas länger), sie hält sich dann, je nach Trocknungsgrad, 2–3 Tage, und man kann sie gut in die Schule, in die Uni oder ins Büro mitnehmen. Auch als Reiseproviant eignet sie sich gut.

Variante 2

Diese Variante der Rohkost-Pizza muss nicht in den Lebensmitteltrockner, sondern kann sofort serviert werden, sodass sie sich innerhalb von 5–10 Minuten zubereiten lässt.
Am besten stellen Sie Minipizzen her, denn diese Variante ist sehr sättigend!

Zutaten

- *2 Tassen gemahlene Mandeln*
- *1 Tasse (in der Küchenmaschine mit S-Messer) zerkleinertes, saftiges Gemüse Ihrer Wahl*
- *½ Tasse Kräuter Ihrer Wahl*
- *1 EL Kokosmehl*
- *1 Prise Kristallsalz oder 1TL–1 EL Tamari*

Zubereitung

Verarbeiten Sie alle Zutaten zu einem Teig. Geben Sie, wenn nötig, noch etwas Wasser dazu, sodass er sich gut zu einem Pizzaboden formen lässt. Anschließend können Sie eine cremige Soße auf den Boden geben und ihn mit Zutaten Ihrer Wahl (Gemüse, Pilze, Kräuter ...) belegen.

Jeden Pizzaboden für die folgenden Rezepte können Sie nach einer dieser Varianten zubereiten. Sie erhalten immer wieder ein anderes Geschmackserlebnis.

Pizza Funghi

Zutaten

- *1 Pizzaboden Ihrer Wahl (siehe Grundrezepte auf S. 40–41)*
- *200 g kleine oder mittlere weiße bzw. braune Champignons*
- *1 EL Mandelmus*
- *1 EL Kürbiskernöl (oder ein Öl Ihrer Wahl)*
- *3 gemahlene getrocknete Tomaten*
- *1 TL Paprikapulver*
- *nach Wunsch 1 Prise Kristallsalz*
- *½ Tasse klein geschnittene frische Petersilie*

Zubereitung

Geben Sie etwa ein Drittel der Pilze mit dem Mandelmus, dem Kürbiskernöl, einer halben Tasse Wasser oder mehr (je nach Bedarf), den gemahlenen Tomaten, dem Paprikapulver und dem Kristallsalz in den Mixer, und verarbeiten Sie alles zu einer cremigen Soße. Schneiden Sie die restlichen Champignons in feine Streifen, und legen Sie sie auf den Pizzaboden. Geben Sie die Soße darüber (alternativ können Sie auch erst die Soße auf den Boden geben und dann die Champignons darauf platzieren). Streuen Sie zum Schluss die Petersilie über die Pizza.
Servieren Sie sie frisch, oder geben Sie sie für ca 2–4 Stunden (je nachdem, wie saftig oder trocken Sie die Pizza haben wollen) in den Lebensmitteltrockner.

Wer die Pizza zum Mitnehmen durchtrocknen möchte, kann sie auch länger im Trockner lassen, etwa 6–8 Stunden lang oder mehr, je nach Trocknermodell und Dicke der Pizza.

Spinat-Mandel-Pizza

Zutaten

- *1 Pizzaboden Ihrer Wahl (siehe Grundrezepte auf S. 40–41)*
- *100 g junger Blattspinat*
- *1 EL Mandelmus*
- *½ TL schwarzer Pfeffer*
- *1 Prise Muskatnuss*
- *1 Prise Kristallsalz*
- *½ Tasse Mandeln, in hauchdünne Scheiben gerieben*

Zubereitung

Zerkleinern Sie den Spinat grob in einer Küchenmaschine mit S-Messer, oder hacken Sie ihn fein. Rühren Sie Mandelmus, Pfeffer, Muskatnuss und Kristallsalz unter, bis eine schöne rahmspinatähnliche Masse entsteht. Tragen Sie diese auf den Pizzaboden auf, und bestreuen Sie sie mit den Mandelscheibchen.

Wer Zwiebeln mag, kann den Pizzaboden zusätzlich mit in Tamari marinierten Zwiebelringen belegen. Die Pizza kann frisch serviert werden oder aber noch 2–4 Stunden lang in den Lebensmitteltrockner gegeben werden.

Griechische Pizza mit Oliven und Pesto

Zutaten

- *1 Pizzaboden Ihrer Wahl (siehe Grundrezepte auf S. 40–41)*
- *1 Tasse eingeweichte Cashewkerne*
- *4 eingeweichte getrocknete Tomaten*
- *Saft einer halben Zitrone*
- *20 grüne Oliven*
- *1 TL griechische Kräutermischung*
- *auf Wunsch 1 Prise Kristallsalz*
- *1 frische klein geschnittene Paprika*

Für das Pesto

- *1 Tasse mildes Oliven- oder Mandelöl*
- *½ Tasse frischer Thymian*
- *½ Tasse frisches Basilikum*
- *½ Tasse frischer Oregano*
- *½ Tasse Pinienkerne*
- *4 grob zermahlene getrocknete Tomaten*

Zubereitung

Geben Sie die eingeweichten Cashewkerne mit den getrockneten Tomaten, dem Zitronensaft, 6 grünen Oliven, der griechischen Kräutermischung und dem Kristallsalz in den Mixer, und streichen Sie die entstandene würzige Creme auf den Pizzaboden. Schneiden Sie die restlichen Oliven in Scheiben, und streuen Sie diese mit den Paprikastücken auf den Boden. Bereiten Sie aus den genannten Zutaten im Blender ein Pesto zu, und geben Sie einen Klecks davon in die Mitte der Oliven.

Pizza mexikanisch mit Mais und Chili

Zutaten

- *1 Pizzaboden Ihrer Wahl (siehe Grundrezepte auf S. 40–41)*
- *2 Strauchtomaten*
- *3 getrocknete Tomaten*
- *½ scharfe Chilischote*
- *1 EL Hanf- oder Sesamöl*
- *1 frischer Maiskolben*
- *1 klein geschnittene Spitzpaprika*
- *5–6 Cocktailtomaten*
- *etwas frisches Basilikum*
- *1 TL gemahlene getrocknete Paprika oder Peperoni*

Zubereitung

Verarbeiten Sie die Strauchtomaten, die getrockneten Tomaten, die Chilischote und das Öl zu einer dickflüssigen Soße, und geben Sie sie auf den Pizzaboden. Schrappen Sie vom Maiskolben die Körner ab, und geben Sie diese zusammen mit der Paprika, den Cocktailtomaten und dem frischen Basilikum auf die rote Soße. Streuen Sie die getrocknete Paprika bzw. Peperoni darüber.

Pizza mit Zucchini und Mais

Zutaten

- *1 Pizzaboden Ihrer Wahl (siehe Grundrezepte auf S. 40–41)*
- *½ Zucchini*
- *1 frische Tomate*
- *1 Tasse abgeschrappte Maiskörner*
- *1 TL Paprikapulver*
- *1 Schnittlauchblüte*
- *frische Oreganoblüten*
- *1 Scheibe getrocknete Tomate*

Für das Pesto

- *1 Tasse Pinienkerne*
- *1 Tasse mildes Olivenöl*
- *½ Tasse Basilikum*
- *3 getrocknete Tomaten*
- *1 TL Paprikapulver*
- *1 TL Tamari*
- *auf Wunsch 1 Prise Kristallsalz*

Zubereitung

Bereiten Sie das Pesto aus den genannten Zutaten im Mixer oder Blender zu.

Tragen Sie es auf den Pizzaboden auf, schneiden Sie die Zucchini und die frische Tomate in kleine Stücke, und verteilen Sie sie samt den Maiskörnern auf dem Pesto. Anschließend streuen Sie das Paprikapulver darüber und garnieren mit auseinander gezupften Schnittlauchblüten, Oreganoblüten und der getrockneten Tomatenscheibe.

Pizza Green Balance

Zutaten

- *1 Pizzaboden Ihrer Wahl (siehe Grundrezepte auf S. 40–41)*
- *1 Avocado*
- *4–5 Borretschblätter*
- *1 EL Zitronensaft*
- *1 Prise Kristallsalz*
- *1 EL in feine Röllchen geschnittener Schnittlauch*
- *1 EL fein geschnittene frische Petersilie*
- *1 EL fein geschnittener Dill*

Zubereitung

Legen Sie den Pizzaboden auf einen großen Teller. Bereiten Sie im Mixer aus der Avocado, den Borretschblättern, dem Zitronensaft und dem Kristallsalz eine grüne Avocadocreme zu. Rühren Sie anschließend von Hand die fein geschnittenen Kräuter unter, und tragen Sie die Kräuter-Avocado-Creme auf den Pizzaboden auf. Garnieren Sie die Pizza z. B. mit Gurkenscheibchen, und streuen Sie noch ein paar Blüten oder Petersilie und Dill darüber. Alternativ können Sie diese Pizza auch mit Möhrenscheiben und Knoblauchrauke dekorieren. Probieren Sie selbst unterschiedliche Versionen aus.

Am besten servieren Sie diese Pizza frisch.

Pizza Wild Summer

Zutaten

- *1 Pizzaboden Ihrer Wahl (siehe Grundrezepte auf S. 40–41)*
- *4 getrocknete Tomaten*
- *2 frische Tomaten*
- *1 EL Kürbiskernöl*
- *1 TL Mandelmus*
- *1 Prise schwarzer Pfeffer*
- *5 in Scheiben geschnittene Champignons*
- *½ Tasse in runde Scheiben geschnittene schwarze Oliven*
- *1 Tasse schwarze Johannisbeeren*
- *1 Tasse frisch geerntete Vogelmiere*
- *einige wilde Oreganoblüten*
- *1 Johannisbeerblatt je Pizzastück oder je Minipizza*

Zubereitung

Bereiten Sie aus den getrockneten und den frischen Tomaten, dem Kürbiskernöl, dem Mandelmus und dem Pfeffer im Mixer eine Pizzasoße zu. Verteilen Sie die Soße auf dem Pizzaboden, und belegen Sie die Pizza anschließend mit den Champignons, den schwarzen Oliven, den schwarzen Johannisbeeren (legen Sie in jede schwarze Olive eine schwarze Johannisbeere), der frischen Vogelmiere und den Oreganoblüten. Dekorieren Sie jedes Pizzastück mit einem Johannisbeerblatt.

Alternativ können Sie die Pizza auch ohne die Johannisbeeren und die Vogelmiere zubereiten und sie für 2–3 Stunden in den Lebensmitteltrockner stellen. Belegen Sie sie vor dem Servieren mit kleinen essbaren Wildblüten.

Pizza mit Wildkräutern, Walnüssen und Orangen

Zutaten

- *1 Pizzaboden Ihrer Wahl (siehe Grundrezepte auf S. 40–41)*
- *2 EL Mandelmus*
- *Saft einer halben Orange*
- *Saft einer halben Zitrone*
- *2 EL Kürbiskernöl*
- *1 Prise Kristallsalz*
- *1 Tasse klein gezupfte Wildkräuter Ihrer Wahl*
- *1 Tasse Walnusskerne*
- *Filets einer großen Orange*
- *frisch gemahlener bunter Pfeffer*

Zubereitung

Geben Sie das Mandelmus und den Orangen- und Zitronensaft mit dem Kürbiskernöl und dem Salz in den Mixer, und verarbeiten Sie die Zutaten zu einer streichfähigen Creme oder dicken Soße. Geben Sie die Soße auf den Pizzaboden, und belegen Sie ihn mit frischen Wildkräutern, wie z. B. Vogelmiere, Spitzwegerich, Breitwegerich, Gänseblümchenblättern oder jungen Gierschblättern. Legen Sie anschließend auch die Walnusskerne und die Orangenfilets auf die Pizza, und bestreuen Sie sie mit dem frisch gemahlenen Pfeffer.

Alternativ können Sie die Walnüsse und die Orangenfilets auch weglassen.

Pizzaherz designt von
Laura Schneider, Schülerin der
RainbowWay© Akademie 2013

Pizza Hot Red

Diese scharfe Pizza eignet sich auch gut zum Dehydrieren

Zutaten für den Boden

- *2 Tassen gemahlene Mandeln*
- *½ Tasse sehr fein geschnittenes Basilikum*
- *4 gemahlene getrocknete Tomaten*
- *2 Romanatomaten*
- *1 rote Chilischote*
- *1 EL Kokosmehl*
- *1 TL scharfes Paprikapulver*
- *nach Belieben Kristallsalz*

Zutaten für den Belag

- *8 kleine aromatische Tomaten*
- *auf Wunsch rote Gemüsepaprika und Chilischoten (Menge nach Belieben)*

Zubereitung

Verarbeiten Sie alle Zutaten für den Boden in einer Schüssel zu einem Teig, und formen Sie daraus einen ca. 2 cm dicken Pizzaboden. Alternativ können Sie auch kleine Minipizzen daraus herstellen. Schneiden Sie als Nächstes die Tomaten oder/und die Gemüsepaprika und die Chilischoten in feine Scheiben. Legen Sie sie auf dem Pizzaboden aus.

Tipp: *Besonders lecker schmeckt die Pizza, wenn Sie noch einen scharfen Cashew-Chili-Käse darüberstreuen. Geben Sie dafür 4 EL Mandelmus, 4 gemahlene getrocknete Tomaten, 1 EL geschmacksneutrales Öl Ihrer Wahl, 1 TL Schabzigerkleepulver, 1 TL Chilipulver und 1 Prise Kristallsalz in den Mixer. Streichen Sie die entstandene Masse auf einem Paraflexxbogen aus, und trocknen Sie sie im Lebensmitteltrockner für 6–8 Stunden durch, bis die Käseplatte zerbröselt.*

Pizza mit Tomaten, Möhren und Giersch

Zutaten für den Boden

- *2 Tassen gemahlene Mandeln*
- *1 Tasse fein geraspelte bzw. in der Küchenmaschine zerkleinerte Möhren*
- *½ Tasse sehr fein geschnittene junge Gierschblättchen*
- *50 ml Möhrensaft*
- *1 EL Kokosmehl*
- *4 gemahlene getrocknete Tomaten*
- *1 TL scharfes Paprikapulver*
- *auf Wunsch Kristallsalz*

Zutaten für den Belag

- *8 kleine aromatische Tomaten*

Zubereitung

Verarbeiten Sie alle Zutaten für den Boden in einer Schüssel von Hand zu einem Teig, und formen Sie daraus einen ca. 2 cm dicken Pizzaboden oder alternativ kleine Minipizzen. Schneiden Sie als Nächstes die Tomaten in feine Scheiben, und legen Sie sie auf dem Pizzaboden aus. Wer mag, kann einen zerkrümelten Cashew-Chili-Käse (Zubereitung siehe Tipp auf S. 55) darüberstreuen.

Tipp: *Dekorieren Sie die Pizza noch mit Gierschblättern und einer Gierschblüte.*

Gemüsekuchen

Karotten-Orangen-Kuchen

Zutaten

- *300 g junge Karotten*
- *200 g gemahlene Haselnüsse*
- *100 g gemahlene Mandeln*
- *Saft von 2 Orangen*
- *2 EL Kokosmehl*
- *1 EL Mandelmus*
- *1 Prise Kristallsalz*
- *Filets von 2–3 Orangen*
- *etwas frisch gemahlener Pfeffer*

Tipp: Sie können diesen Kuchen auch mit Mandeln zubereiten, die Orangenfilets im Innern weglassen und dafür den ganzen Teig mit geriebener Orangenschale aromatisieren. Garnieren Sie den fertigen Kuchen mit einer Blüte von wilden Möhren und mit Mandeln.

Zubereitung

Verarbeiten Sie alle Zutaten bis auf die Orangenfilets und den Pfeffer in der Küchenmaschine zu einem lockeren Teig, geben Sie die Hälfte davon in eine Springform, und streichen Sie ihn glatt. Legen Sie die Orangenfilets darauf, und bestreuen Sie diese mit dem Pfeffer. Geben Sie danach den restlichen Teig hinzu, drücken Sie ihn fest, und nehmen Sie die Springform wieder ab. Stellen Sie den Kuchen vorsichtig für 2–3 Stunden in den Lebensmitteltrockner, damit er außen ein bisschen antrocknet und innen saftig bleibt. Wenn Sie ihn ganz trocken mögen, schneiden Sie ihn in Stücke, und trocknen Sie diese einzeln.

Rote-Bete-Rolle mit Spinat

Zutaten

- *100g junger Spinat*
- *300g gemahlene Mandeln*
- *1 EL Kokosmehl*
- *1 EL Flohsamenschalen*
- *½ TL Muskatnuss*
- *etwas Kristallsalz*
- *2 kleine Rote Beten*
- *Saft einer Zitrone*

Zubereitung

Geben Sie den Spinat mit 1 Tasse Wasser, der Hälfte der gemahlenen Mandeln, einem halben Esslöffel des Kokosmehls sowie der Flohsamenschalen und einer Prise der Muskatnuss und des Salzes in den Mixer. Rollen Sie den entstandenen Teig aus. Verarbeiten Sie die Roten Beten mit 1 Tasse Wasser, dem Zitronensaft und den übrig gebliebenen Zutaten im Mixer zu einer glatten Masse, und breiten Sie sie auf dem Spinatteig aus. Rollen Sie die Teige zusammen, und schneiden Sie die Rolle in Stücke.

Tipp: Servieren Sie die Rolle zu einem bunten Rohkostteller mit frischen Salaten.

Rotkohl-Apfel-Nuss-Kuchen

Zubereitung

Verarbeiten Sie alle Zutaten in der Küchenmaschine oder von Hand zu einem Teig, und füllen Sie ihn in eine mit Frischhaltefolie ausgelegte Kastenform. Stellen Sie ihn für 1 Stunde kühl. Stürzen Sie danach die Kastenform, ziehen Sie die Folie ab, und schneiden Sie den Kuchen in Stücke. Diese können pur gegessen oder zu einem Rohkostteller serviert werden.

Zutaten

- *300 g gemahlene Paranüsse*
- *200 g Rotkohl, in der Küchenmaschine fein zerkleinert*
- *200 g grob geraspelte saftige Äpfel*
- *1 Tasse grüne Rosinen (alternativ andere Rosinen)*
- *Saft einer halben Zitrone*
- *Saft einer halben Orange*
- *1–2 EL Kokosmehl*
- *1 TL geriebene Orangenschale*
- *1 Prise Kristallsalz*
- *1 Prise Pfeffer*

Zwiebelkuchen mit Kokosspeck

Zutaten

- *2 milde Gemüsezwiebeln*
- *3 EL Tamari*
- *2 EL Kürbiskernöl*
- *1 Kokosnuss*
- *200 g gemahlene Mandeln*
- *2 EL Mandelmus*
- *1 EL Kokosmehl*
- *1 Zucchini, in der Küchenmaschine zerkleinert*

Zubereitung

Schneiden Sie die Gemüsezwiebeln in kleinste Würfel, und marinieren Sie diese für mindestens 3 Stunden (oder länger, z. B. über Nacht) in 2 EL Tamari und 1 EL Kürbiskernöl, damit die Reizstoffe aus der Zwiebel neutralisiert werden.

Öffnen Sie die Kokosnuss, gießen Sie ihr Wasser in eine Tasse, und lösen Sie das Fruchtfleisch heraus. Schneiden Sie dieses in kleine Würfel oder in Streifen, und marinieren Sie es in 1 EL Tamari und 1 EL Kürbiskernöl (wenn Sie keine Kokosnuss haben, können Sie als Alternative auch für 6–12 Stunden eingeweichte Sonnenblumenkerne verwenden).

Verarbeiten Sie die gemahlenen Mandeln, das Mandelmus, das Kokosmehl, die Zucchini und etwas Wasser der Kokosnuss zu einem Kuchenteig, und fügen Sie die Hälfte der marinierten Gemüsezwiebeln hinzu. Bringen Sie den Teig in die von Ihnen gewünschte Form (achten Sie dabei darauf, dass er relativ flach bleibt, aber trotzdem höher als ein Pizzaboden wird), und geben Sie ihn für 4 Stunden in den Lebensmitteltrockner. Drehen Sie den Kuchen anschließend um, und belegen Sie ihn mit der anderen Hälfte der marinierten Zwiebeln und den marinierten Kokosstreifen bzw. -würfeln. Lassen Sie ihn noch einmal für 2–3 Stunden trocknen.

Der Zwiebelkuchen kann frisch und saftig serviert werden. Sie können ihn aber auch durchtrocknen lassen, um ihn für 2–3 Tage haltbar zu machen.

Pikanter Mandel-Papaya-Kuchen

Zutaten

- *300g gemahlene Mandeln*
- *500g Papaya*
- *Saft einer halben Orange*
- *1 EL Kokosmehl*
- *1 Prise Kristallsalz*
- *2 EL gemahlene Papayakerne*
- *1 EL Kokosmus*
- *1 EL Mandelmus*
- *1 Prise Cayennepfeffer*

Zubereitung

Stellen Sie in der Küchenmaschine aus den Mandeln, der Hälfte der Papaya, dem Orangensaft, dem Kokosmehl, dem Kristallsalz und 1 EL der gemahlenen Papayakerne einen Kuchenteig her. Legen Sie eine Tortenbodenform mit Frischhaltefolie aus, drücken Sie den Teig hinein, und stellen Sie ihn für ½ Stunde kühl. Stürzen Sie anschließend die Kuchenform auf eine Kuchenplatte, und ziehen Sie die Folie ab. Verarbeiten Sie das Kokosmus, das Mandelmus, 150 g der übrigen Papaya und die restlichen Papayakerne im Mixer zu einer feinen Masse, und geben Sie sie auf den Tortenboden. Schneiden Sie die restliche Papaya in kleine Würfel oder Scheiben, und belegen Sie den Kuchen damit. Bestreuen Sie ihn zum Abschluss mit dem Cayennepfeffer.

Gemüse-Marmorkuchen

Zutaten

Für den hellen Teig

- *3 cm Meerrettichwurzel*
- *2 EL Mandelmus*
- *2–3 EL Kokosmehl (je nach gewünschter Konsistenz)*

Für den orangeroten Teig

- *2 Tassen Wasser*
- *2 getrocknete Tomaten*
- *2 frische Tomaten*
- *1 Spitzpaprika*
- *1 EL Mandelöl*
- *1 TL Paprikapulver*
- *1 Prise Chili*
- *2–3 EL Kokosmehl (je nach gewünschter Konsistenz)*

Für den grünen Teig

- *2 Tassen Wasser*
- *1 große Handvoll Spinatblätter*
- *1 EL Mandelmus*
- *1 gestrichener TL Muskatnuss*
- *1 Prise Kristallsalz*
- *2–3 EL Kokosmehl (je nach gewünschter Konsistenz)*

Tipp: *Garnieren Sie ihn mit Brennnesselblüten oder mit frischen Kräutern und Gewürzen.*

Zubereitung

Verarbeiten Sie für den hellen Teig die Meerrettichwurzel und das Mandelmus mit 2 Tassen Wasser im Mixer zu einer feinen Masse. (Vorsicht, riechen Sie nicht daran, da die aufsteigenden ätherischen Öle des Meerrettichs sehr scharf sind.) Geben Sie das Kokosmehl dazu, und mischen Sie noch einmal alles kurz durch. Füllen Sie die Masse sofort in eine Schüssel, da sie jetzt schnell fest wird.

Verarbeiten Sie für den orangeroten Teig alle Zutaten bis auf das Kokosmehl im Mixer zu einer feinen Masse. Fügen Sie das Mehl anschließend hinzu, und mischen Sie alles noch einmal durch. Füllen Sie die Masse sofort in eine Schüssel.

Geben Sie für den grünen Teig alle Zutaten in den Mixer. Fügen Sie auch hier wieder erst zum Schluss das Kokosmehl hinzu. Füllen Sie die entstandene Masse gleich nach dem Mixen in eine Schüssel.

Sie haben nun drei Teige in unterschiedlichen Farben und Geschmacksnuancen. Füllen Sie sie abwechselnd löffelweise in eine mit Frischhaltefolie ausgelegte Kuchenform (Springform, Kastenform oder Miniförmchen). Drücken Sie den Teig ein bisschen fest, und streichen Sie ihn glatt. Lassen Sie ihn 1 Stunde lang ruhen (am besten im Kühlschrank), damit er noch ein bisschen fester werden kann.

Dieser Kuchen kann als eine sehr geschmacksintensive und optisch ansprechende sättigende Beilage für ein Vitalkostmenü verwendet werden.

Wildkräuter-Rolle

Zutaten

Für die Rolle

- *300 ml Wasser*
- *100 g gemahlene Mandeln*
- *100 g junge Brennnesseln*
- *50 g junger Giersch*
- *1–2 EL Kokosmehl*
- *1 EL Mandelmus*
- *1 Prise Kristallsalz*
- *1 Prise Pfeffer*
- *1 Prise Muskatnuss*

Für die Füllung

- *2–3 EL Mandelmus*
- *Saft einer halben Orange*
- *Saft einer halben Zitrone*
- *2 EL Mandelöl*
- *1 Prise Kristallsalz*
- *1 TL Kokosmehl*
- *1 EL geschnittener Schnittlauch*
- *1 EL geschnittene Petersilie*
- *1 EL geschnittener Dill*

Zubereitung

Verarbeiten Sie für die Füllung Mandelmus, Orangensaft, Zitronensaft, Mandelöl und Kristallsalz im Mixer zu einer glatten mayonnaiseähnlichen Creme. Fügen Sie das Kokosmehl hinzu, damit sie etwas fester wird, und mischen Sie noch einmal alles kurz durch. Rühren Sie anschließend vorsichtig die geschnittenen Kräuter unter.

Stellen Sie aus den Zutaten für die Rolle im Mixer einen grünen Teig her, und walzen Sie ihn ca. 1 cm dick aus. Streichen Sie die Füllung darauf aus, und rollen Sie den Teig zusammen. Wickeln Sie die Rolle in Frischhaltefolie, und legen Sie sie für 1–2 Stunden zum Festwerden in den Kühlschrank. Schneiden Sie sie danach in Stücke, und verteilen Sie sie nach der Anzahl der Personen auf Tellern. Der Rest lässt sich problemlos aufheben und kann am nächsten Tag noch gegessen werden.

Kräuter-Pesto-Rolle

Zutaten

Für den Teig

- *3 getrocknete Tomaten*
- *2 frische Tomaten*
- *1 EL Mandelmus*
- *1 EL rotes Paprikapulver*
- *1 Prise Chilipulver*
- *100 g gemahlene Mandeln*
- *1 EL Kokosmehl*
- *1 TL Flohsamenschalen*

Für das Pesto

- *3 getrocknete Tomaten*
- *5 EL Olivenöl oder ein Öl Ihrer Wahl*
- *2 EL Zedernnüsse oder Pinienkerne*
- *1 EL Thymian*
- *1 EL Oregano*
- *1 EL Petersilie*
- *1 TL getrocknete Zwiebeln*

Zubereitung

Geben Sie für den Teig die getrockneten und die frischen Tomaten, das Mandelmus, das Paprika- und das Chilipulver mit 200 ml Wasser in einen starken Mixer. Füllen Sie die entstandene Masse in eine Schüssel, und rühren Sie die gemahlenen Mandeln, das Kokosmehl und die Flohsamenschalen unter, sodass ein Teig entsteht. Stellen Sie diesen für mindestens 1 Stunde – oder über Nacht – kühl.

Für das Pesto verarbeiten Sie alle Zutaten im Mixer oder Blender zu einer groben oder feinen Masse, je nachdem, was Ihnen lieber ist.

Walzen Sie den Teig aus, und bestreichen Sie ihn mit dem Pesto. Rollen Sie ihn anschließend zusammen, und stellen Sie ihn 1–2 Stunden lang in den Kühlschrank. Schneiden Sie die Rolle vor dem Servieren in Stücke.

Gemüsetorten

Die folgenden Gemüsetorten ähneln von ihrem Aufbau gewöhnlichen Torten. Sie sind jedoch roh, vegan und glutenfrei und werden aus Gemüse, Früchten, Wurzeln, Nüssen, Samen, Blättern, Blüten, Gewürzen und Kräutern hergestellt.

Zum Binden von nicht gewollten Saftansammlungen und zur Beeinflussung der Konsistenz können wir – als günstigste Lösung – Kokosmehl und Flohsamenschalen verwenden. Sie sorgen dafür, dass die Torten schnittfest werden.

Irish Moss kann für mehr Cremigkeit der Torten sorgen. Diese Alge wird über Nacht eingeweicht, mehrmals gut gespült, ausgewrungen und dann mit wenig Flüssigkeit im Mixer verarbeitet. Sie kann für Cremetorten, Puddings, Eiscremes und andere Desserts verwendet werden.

Chiasamen können ebenfalls die Konsistenz beeinflussen, da auch sie quellfähig sind und eine gute Basis für Pudding darstellen, wenn sie 2–3 Stunden eingeweicht wurden. Auch eingeweichte Leinsamen oder Leinsamenschleim, Buchweizen und Buchweizenschleim können für mehr Festigkeit sorgen.
Wird eine Torte gekühlt serviert, kann auch Kokosöl hinzugefügt werden, da es bei Kühlung fest wird und der Sahne eine bessere Haltbarkeit verleiht. Sie sehen, es gibt viele Möglichkeiten, und diese sind nur einige davon. Wenn Sie tiefer in die Kunst der veganen Vitalkost-Zubereitung eintauchen wollen, erkundigen Sie sich nach meinen Seminaren, Workshops und Ausbildungen.

Italienische Gemüsetorte

Zutaten

Für den Boden

- *300 g gemahlene Mandeln*
- *100 g gemahlene Sonnenblumenkerne*
- *2 Tassen klein geschnittene Möhren*
- *2 Tassen klein geschnittene Zucchini*
- *1 kleine rote Spitzpaprika*
- *1 EL Kokosmehl*
- *1 EL Flohsamenschalen*
- *1 EL Paprikapulver*
- *1 TL Oregano*
- *1 Prise Kristallsalz*

Für die 1. Schicht

- *5 eingeweichte getrocknete Tomaten*
- *2 frische Tomaten*
- *½ Tasse eingeweichte Cashewkerne*
- *Saft einer halben Zitrone*
- *½ TL Thymian*
- *1 Prise Chili*

Für die 2. Schicht

- *1 Zucchini*
- *1 kleine gelbe Paprika*
- *1 kleine rote Paprika*

Für die 3. Schicht

- *Saft einer halben Orange*
- *Saft einer halben Zitrone*
- *½–1 Tasse geschnittener Schnittlauch (je nach Wunsch – bitte ausprobieren)*
- *2–3 EL Mandelmus*
- *2–3 EL Kürbiskernöl oder mildes Olivenöl*

Für die 4. Schicht

- *Tomaten (Menge nach Wunsch)*
- *etwas frisches Basilikum*
- *etwas frische Petersilie*
- *1 TL Paprikapulver*

Zubereitung

Geben Sie sämtliche Zutaten für den Boden in die Küchenmaschine mit S-Messer, und verarbeiten Sie sie zu einem Teig. Durch die Zugabe von etwas Wasser kann die Konsistenz verdünnt und durch Kokosmehl gefestigt werden. Legen Sie den Ring einer kleinen Springform (oder für kleine Törtchen Servierringe) auf eine Kuchenplatte oder auf einen großen Teller, verteilen Sie den Teig darin, und drücken Sie ihn fest.

Verarbeiten Sie für die 1. Tortenschicht alle Zutaten im Mixer zu einer Soße, und geben Sie sie auf den Teigboden. Schneiden Sie für die 2. Schicht das Gemüse in Würfel, und belegen Sie damit die Torte. Verarbeiten Sie alle Zutaten für die 3. Schicht im Mixer zu einer Soße, und geben Sie sie über das Gemüse. Schneiden Sie für die letzte Schicht die Tomaten in Scheiben, und verteilen Sie diese dekorativ auf der Soße. Schneiden Sie Basilikum und Petersilie zurecht, und belegen Sie damit ebenfalls die Torte. Streuen Sie zum Schluss noch das Paprikapulver darüber.

Garnieren Sie Ihre italienische Gemüsetorte, wie es Ihnen beliebt. Sie können auch anderes Gemüse verwenden. Stellen Sie die Torte für 1 Stunde kühl, damit die Komponenten fest werden können, oder servieren Sie sie sofort.

Griechische Bauerntorte

Zutaten

Für den Boden

- *3 getrocknete Tomaten*
- *2 frische Tomaten*
- *5 grüne Oliven*
- *1 Prise Kristallsalz*
- *1 Prise Thymian*
- *200g gemahlene Mandeln*
- *1 EL Kokosmehl*

Für die Creme

- *300g Cashewkerne, über Nacht eingeweicht*
- *4 getrocknete Tomaten, über Nacht eingeweicht*
- *1 kleine rote Spitzpaprika*
- *1 reife aromatische Tomate*
- *1 TL Schabzigerkleepulver oder Schafskäsegewürz*
- *1 TL Tamari oder eine Prise Kristallsalz*

Für den Belag

- *10 grüne Oliven*
- *1 große klein geschnittene Paprikaschote*
- *1 TL griechische Gewürzmischung*
- *½ Tasse frische Petersilie*

Zubereitung

Verarbeiten Sie für den Boden die getrockneten und die frischen Tomaten, die Oliven, das Salz und den Thymian mit 100 ml Wasser im Mixer zu einem Teig, und fügen Sie zum Schluss noch die Mandeln und das Kokosmehl hinzu.

Geben Sie für die Creme alle Zutaten mit 50–100 ml Wasser in einen starken Mixer. Wenn die Creme etwas fester werden soll, können Sie noch etwa 1 Esslöffel Kokosmehl dazugeben. Dosieren Sie es aber vorsichtig, da die Masse leicht überquillt.

Drücken Sie den Teig in einen Servierring oder den Ring einer Springform, und belegen Sie ihn mit den Oliven und der Paprikaschote. Streuen Sie die Gewürzmischung und die Petersilie darüber, und geben Sie die Creme obenauf.

Stellen Sie die Torte mindestens 2 Stunden lang oder über Nacht in den Kühlschrank, damit sie fester wird.

***Tipp:** Toll sieht es aus, wenn Sie die Torte vor dem Servieren noch mit Tomaten, schwarzen Oliven, Basilikum und Zucchinischeiben oder Gurkenscheiben dekorieren. Wer mag, kann auch ein bisschen wildes Grün darauf unterbringen (junge Schafgarbenblättchen oder wilde Möhre).*

Grüne Kräuter-Käsesahnetorte

Zutaten

Für den Boden

- *200g gemahlene Mandeln*
- *50g grüne Blätter (Giersch, Brennnessel, Spinat …)*
- *1 EL Mandelmus*
- *1 Prise Muskat*
- *1 Prise Kristallsalz*

Für die Creme

- *300g Cashewkerne, über Nacht eingeweicht*
- *Saft einer halben Orange*
- *Saft einer halben Zitrone*
- *1 EL geschnittener Schnittlauch*
- *1 EL geschnittene Petersilie*
- *1 EL geschnittener Dill*
- *1 EL Schabzigerkleepulver*
- *1 EL Kokosmehl*
- *3 Borretschblättchen*
- *1TL Lezithin (z.B. aus Sonnenblumen)*
- *1 Prise Kristallsalz*

Zubereitung

Verarbeiten Sie alle Zutaten für den Tortenboden in einer Küchenmaschine mit S-Messer zu einem Teig. Geben Sie bei Bedarf etwas Wasser dazu. Füllen Sie ihn in eine Springform (oder in Servierringe), und drücken Sie ihn fest.

Geben Sie alle Zutaten für die Creme in den Mixer (je nach Mixerstärke kann es etwas dauern, bis Sie eine cremige Masse erhalten). Fügen Sie, falls nötig, noch etwas Wasser hinzu. Das Lezithin sorgt als Emulgator dafür, dass die Creme mehr Festigkeit bekommt. Sie können es jedoch auch weglassen und einfach etwas mehr Kokosmehl verwenden. Tragen Sie die Käsesahnecreme auf den Tortenboden auf, und stellen Sie die Torte für 2–3 Stunden (oder über Nacht) in den Kühlschrank. Garnieren Sie sie nach Belieben mit Kräutern, Blättern und Blüten.

Cashew-Apfel-Zwiebel-Torte

Zutaten

Für den Boden

- *200 g Mandeln*
- *100 g geraspelte Äpfel*
- *100 g grob gehackte Cashewkerne*
- *1 EL Kokosmehl*
- *1 EL marinierte getrocknete Zwiebeln*

Für die Creme

- *2 Gemüsezwiebeln*
- *2 Äpfel*
- *1½–2 EL Tamari*
- *300 g Cashewkerne, über Nacht eingeweicht*
- *Saft einer Orange*
- *1 TL Schabzigerklee-pulver*
- *2 EL Kokosöl*
- *1 EL Kokosmehl (alternativ Sonnenblumenlezithin)*
- *auf Wunsch Kristallsalz*

Zubereitung

Verarbeiten Sie alle Zutaten für den Boden mit etwas Wasser zu einem Teig, füllen Sie ihn in Servierringe oder in eine Springform, und drücken Sie ihn fest.

Häckseln Sie für die Creme die Gemüsezwiebeln und die Äpfel klein, und marinieren Sie Erstere in 1 EL Tamari. Legen Sie die marinierten Zwiebeln und die gehäckselten Äpfel auf getrennte Trockenböden, und lassen Sie sie für 5–6 Stunden im Lebensmitteltrockner trocknen (je nach Trocknermodell und Auftragsdicke kann es auch länger oder kürzer dauern).

Verarbeiten Sie die Cashewkerne, den Orangensaft, das restliche Tamari, das Schabzigerkleepulver, das Kokosöl, das Kokosmehl und das Salz zu einer sahnigen Creme, und heben Sie die grob gemahlenen Zwiebeln und Äpfel unter. Geben Sie, wenn Sie möchten, noch etwas Kristallsalz dazu.

Tragen Sie die Masse anschließend auf den Kuchenboden auf, und streichen Sie sie glatt. Stellen Sie die aromatisch würzige Torte für mindestens 4 Stunden (oder über Nacht) in den Kühlschrank, damit sie schön schnittfest wird.

Tipp: Dekorieren Sie die Torte mit einer Mischung aus getrockneten Zwiebeln, Äpfeln, Cashewkernen und frischen Früchten Ihrer Wahl, wie z.B. geviertelten oder geachtelten Feigen.

Rotkohl-Cashew-Sahnetorte

Dies ist eine sehr milde, leichte, zitronig-frische Torte. Sie hat nicht nur eine wunderschöne Farbe, sondern ist auch reich an Vitalstoffen.

Zutaten

Für den Boden

- *1 Rotkohl*
- *200g gemahlene Mandeln*
- *1 Apfel*
- *Saft einer Orange*
- *1 EL Kokosmehl*
- *auf Wunsch Kristallsalz*

Für den Belag

- *2 klein geschnittene Äpfel*
- *Saft einer halben Zitrone*
- *1 EL Mandelmus*
- *1 EL Flohsamenschalen*

Für die Creme

- *500g Cashewkerne, über Nacht eingeweicht*
- *Saft einer halben Zitrone*
- *1 EL Kokosmehl*

Zubereitung

Geben Sie ein Drittel des Rotkohls zusammen mit den Mandeln und dem Apfel in eine Küchenmaschine mit S-Messer. Fügen Sie dann den Orangesaft und das Kokosmehl hinzu, und kneten Sie die Zutaten zu einem Teig. Geben Sie, wenn Sie möchten, noch etwas Kristallsalz dazu. Legen Sie den Ring einer Springform auf eine Glasplatte oder einen großen Kuchenteller, und drücken Sie den Teig hinein.

Zerkleinern Sie den restlichen Rotkohl sehr fein im Mixer, und vermengen Sie für den Belag die Hälfte davon mit den Äpfeln, dem Zitronensaft, dem Mandelmus und den Flohsamenschalen in einer Schüssel. Würzen Sie nach Belieben, und streichen Sie die Masse auf den Tortenboden.

Geben Sie für die Creme zu der anderen Hälfte des Rotkohls die Cashewkerne und den Zitronensaft in den Mixer. Wer mag, kann noch eine Prise Kristallsalz hinzufügen. Verarbeiten Sie alles zu einer glatten Creme, und geben Sie für die Standfestigkeit zum Schluss noch das Kokosmehl dazu. Streichen Sie den Großteil der Creme auf den Tortenbelag, füllen Sie den Rest in eine Spritztülle, und garnieren Sie damit nach Belieben die Torte.

__Tipp:__ Schneiden Sie aus Rotkohlblättern Herzchen, und dekorieren Sie damit die Torte.

Rote-Bete-Sahnetorte

Zutaten

Für den Boden

- *1 mittlere Rote Bete*
- *Saft einer halben Zitrone*
- *200 g gemahlene Mandeln*
- *1–2 EL Kokosmehl (je nach gewünschter Konsistenz)*

Für die rote Creme

- *1 mittlere Rote Bete*
- *2 cm geschälte Meerrettichwurzel*
- *200 g Cashewkerne, über Nacht eingeweicht*
- *1 Prise Kristallsalz*
- *1 EL Kokosmehl*

Für die hellgrüne Creme

- *200 g Cashewkerne, über Nacht eingeweicht*
- *Saft einer halben Zitrone*
- *2 EL Kürbiskernöl*
- *1 TL Schabzigerkleepluver*
- *1 Prise Kristallsalz*
- *1 EL Kokosmehl*

Zubereitung

Geben Sie für den Tortenboden die Rote Bete und den Zitronensaft mit 100 ml Wasser in den Mixer. Fügen Sie Mandeln und Kokosmehl hinzu, bis die von Ihnen gewünschte Konsistenz erreicht ist. Drücken sie den Teig in einer Dicke von ca. 2 cm in eine Springform oder in einen Servierring.
Geben Sie für die rote Creme die Rote Bete und die Meerrettichwurzel mit 100 ml Wasser in den Mixer. Fügen Sie anschließend die Cashewkerne und das Kristallsalz hinzu. Verarbeiten Sie alle Zutaten zu einer sahnigen Creme, und mischen Sie ganz zum Schluss noch das Kokosmehl unter, damit die Konsistenz etwas fester wird.
Verarbeiten Sie alle Zutaten für die hellgrüne Creme zu einer sahnigen Masse. Fügen Sie dabei zuallerletzt das Kokosmehl hinzu. Tragen Sie die Cremes in 2 Schichten abwechselnd übereinander auf, und füllen Sie den Rest von jeder Creme in eine Spritztülle, die sie gemeinsam mit der Torte in den Kühlschrank stellen. Nehmen Sie vor dem Servieren vorsichtig die Springform oder den Servierring ab, und verzieren Sie die Torte mithilfe der Spritztülle.

***Tipp:** Zur Garnitur eignen sich Herzchen aus dünn geschnittenen Rote-Bete-Scheiben, frische Kräuter und Blüten.*

Cashew-Zitronen-Sahnetorte

Zutaten

Für den Boden

- *1 mittlere Rote Bete*
- *Saft einer halben Zitrone*
- *200 g gemahlene Mandeln*
- *1–2 EL Kokosmehl (je nach Konsistenzwunsch)*

Für die Creme

- *1 mittlere Rote Bete*
- *Saft einer Zitrone*
- *300 g Cashewkerne, über Nacht eingeweicht*
- *1 EL Kokosöl*
- *1 Prise Kristallsalz*
- *1 EL Kokosmehl*

Zubereitung

Geben Sie die Rote Bete und den Zitronensaft mit 100 ml Wasser in den Mixer. Fügen Sie die gemahlenen Mandeln und das Kokosmehl hinzu, und verarbeiten Sie alles zu einem glatten Teig. Füllen Sie ihn in eine Form Ihrer Wahl, und drücken Sie ihn gleichmäßig fest, damit der Rand schön gerade aussieht. Geben Sie für die Creme die Rote Bete mit dem Zitronensaft und sehr wenig Wasser (ca. 50 ml) in den Mixer. Fügen Sie dann die Cashewkerne, das Kokosöl und das Kristallsalz hinzu, und verarbeiten Sie alles zu einer sahnigen Creme. Geben Sie am Schluss noch das Kokosmehl dazu (gerade so viel, wie noch für etwas mehr Festigkeit benötigt wird). Heben Sie etwas von der Creme für die Spritztülle auf, und streichen Sie den Rest auf den Tortenboden. Stellen Sie die Torte samt Form für mindestens 4 Stunden (oder über Nacht) in den Kühlschrank, und garnieren Sie sie kurz vor dem Servieren mithilfe der Spritztülle.

Tipp: *Als Garnitur der Törtchen eignen sich Schnittlauchblüten. Um das Törtchen herum können Sie mit Jiaogulanblättern oder – wer die Pflanze nicht besitzt – krauser Petersilie dekorieren.*

Tomaten-Schoko-Chili-Torte

Zutaten

Für den Boden

- *250 g gemahlene Mandeln*
- *3 Tomaten*
- *2 gemahlene getrocknete Tomaten*
- *30 g geschmolzene Kakaobutter*
- *2 EL Kakaonibs*
- *1 frische Chilischote*

Für die Creme

- *5 getrocknete Tomaten, über Nacht eingeweicht*
- *4 große Datteln, entkernt und eingeweicht*
- *Saft einer halben Zitrone*
- *Saft einer halben Orange*
- *50 g zerkleinerter Kakaoliquor oder 2 EL rohes Kakaopulver*
- *300 g Cashewkerne, über Nacht eingeweicht*
- *1–2 TL Chilipulver (je nach gewünschter Schärfe)*
- *50 g geschmolzene Kakaobutter*

Zubereitung

Geben Sie für den Tortenboden alle Zutaten in die Küchenmaschine, und bereiten Sie einen formbaren Teig daraus zu. Drücken Sie den Teig auf den Boden einer Tortenform, und streichen Sie ihn glatt. Verarbeiten Sie für die Creme die getrockneten Tomaten, die Datteln, den Zitronensaft, den Orangensaft, den Kakaoliquor oder das Kakaopulver im Mixer zu einer glatten Masse, und fügen Sie anschließend noch die eingeweichten Cashewkerne hinzu und zu guter Letzt das Chilipulver und die geschmolzene Kakaobutter. Die Creme ist fertig, wenn sie eine sehr glatte, sahnige Konsistenz hat. Streichen Sie sie direkt auf den Tortenboden, und stellen Sie die Torte in ihrer Form für mindestens 4 Stunden (oder über Nacht) in den Kühlschrank.

Tipp: Garnieren Sie die Torte vor dem Servieren mit einer Mischung aus Kakaonibs und gemahlenen getrockneten Tomaten oder Paprika.

Da die Torte ziemlich scharf ist, passt dazu wunderbar ein neutraler Rohkostteller mit grünen Blättern und Früchten.

Spirulina-Torte mit Minze und Beeren

Zutaten

Für den Boden

- *150g Mandeln*
- *150g Paranüsse*
- *100g entsteinte Datteln*
- *50g Rosinen*
- *1 TL Spirulinapulver*
- *1 Prise Kristallsalz*

Für die untere Schicht

- *250g frische Blaubeeren*
- *1 Banane*

Für die obere Schicht

- *Saft einer Orange*
- *3 entsteinte Datteln*
- *5–7 Blättchen frische Minze (je nach Sorte, Stärke, Blattgröße)*
- *1 gehäufter TL Spirulinapulver*
- *300g Cashewkerne, über Nacht eingeweicht*
- *100ml geschmolzene Kakaobutter*

Zubereitung

Verarbeiten Sie die Zutaten für den Tortenboden in einer Küchenmaschine mit S-Messer zu einem festen Teig, und verteilen Sie ihn in einer Dicke von ca. 1–2 cm auf dem Boden einer Tortenform.

Geben Sie für die untere Schicht die Blaubeeren und die Banane in den Mixer, tragen Sie die entstandene Masse auf dem Tortenboden auf, und stellen Sie ihn anschließend kühl. Verarbeiten Sie für die obere Schicht den Orangensaft, die Datteln, die Minze und das Spirulinapulver im Mixer zu einer feinen Masse. Geben Sie anschließend die Cashewkerne dazu und ganz zum Schluss die geschmolzene Kakaobutter. Vermischen Sie alles noch einmal kräftig. Geben Sie die entstandene relativ feste Masse auf die untere Schicht, und stellen Sie die Torte wieder für mindestens 4 Stunden (oder besser über Nacht) zum Festwerden in den Kühlschrank.

Tipp: Garnieren Sie die Torte mit Blaubeeren oder mit schwarzen Johannisbeeren und Minzeblättchen.

Ingwer-Zitronen-Törtchen

Zutaten

Für den Boden

- *3 eingeweichte entsteinte Datteln*
- *Saft einer Zitrone*
- *1 TL abgeriebene Zitronenschale*
- *10g Ingwerwurzel*
- *200g gemahlene Mandeln oder Nüsse Ihrer Wahl*

Für die Creme

- *Saft von 2 Zitronen*
- *Saft einer Orange*
- *10g Ingwerwurzel (auf Wunsch auch etwas mehr)*
- *4 große entsteinte Datteln, eingeweicht und gemixt*
- *300g Cashewkerne, über Nacht eingeweicht*
- *1 TL abgeriebene Zitronenschale*
- *2 EL Kokosöl*
- *1 EL Kokosmehl*

Zubereitung

Geben Sie die Datteln, den Zitronensaft, die Zitronenschale und die Ingwerwurzel in den Mixer, fügen Sie dann die Mandeln hinzu, und bereiten Sie einen Teig daraus zu. Mit etwas Wasser können Sie die Konsistenz weicher, mit etwas Kokosmehl fester machen.

Verarbeiten Sie den Zitronen- und Orangensaft mit der Ingwerwurzel und den Datteln zu einer glatten Nuss-Sahne-Creme. Geben Sie anschließend die eingeweichten Cashewkerne, die Zitronenschale und das Kokosöl dazu. Wenn Ihnen die Creme noch nicht fest genug erscheint oder Sie der Torte etwas mehr Stand verleihen möchten, mischen Sie am Ende noch das Kokosmehl unter. Stellen Sie die Torte nun für mindestens 4 Stunden (oder über Nacht) in den Kühlschrank. Das Kokosöl wird gekühlt auch fest, und Ihre Ingwer-Zitronen-Torte bekommt eine tolle Konsistenz.

Diese pikante Torte schmeckt erfrischend und gleichzeitig wärmend. Sie können sie sowohl pur als auch als sättigende Zugabe zu einem Teller mit Blattsalaten und Früchten essen.

Über die Autorin

BRITTA DIANA PETRI

ist Gründerin und Leiterin der RainbowWay® Akademie, einer freien Schule für natürliche Gesundheitsvorsorge, vegane Vitalkost und holistische Lebenskunst. Hier bildet sie ganzheitlich und vegan ausgerichtete »Holistische Gesundheits-, Vitalkost- und Lebensberater« sowie »Holistische Vitalkostzubereiter« aus. Im Zentrum ihrer Tätigkeit stehen Methoden, mit denen Menschen ihre Lebenskraft erhalten, pflegen und stärken können.

Weitere Informationen unter:
www.RainbowWay.de

Von Britta Diana Petri bereits erschienen im Schirner Verlag

Britta Diana Petri: Zauberhafte Mandelmus-Rezepte – roh, vegan und glutenfrei aus der RainbowWay®-Vitalkost-Küche
Paperback, 96 Seiten, mit zahlreichen farbigen Abbildungen
ISBN 978-3-8434-5041-6

Britta Diana Petri: Naturgesunde Fruchtleder und Wraps – roh, vegan und glutenfrei aus der RainbowWay®-Vitalkost-Küche
Paperback, 96 Seiten, mit zahlreichen farbigen Abbildungen
ISBN 978-3-8434-5053-9

Britta Diana Petri: Köstliche Kokos-Rezepte – roh, vegan und glutenfrei aus der RainbowWay®-Vitalkost-Küche
Paperback, 96 Seiten, mit zahlreichen farbigen Abbildungen
ISBN 978-3-8434-5054-6

Britta Diana Petri: Vegane Käsespezialitäten – roh und glutenfrei aus der RainbowWay®-Vitalkost-Küche
Paperback, 96 Seiten, mit zahlreichen farbigen Abbildungen
ISBN: 978-3-8434-5079-9